JEAN RACINE

PHEDRE

PERSONNAGES

THESEE, *fils d'Egée, roi d'Athènes*
PHEDRE, *femme de Thésée, fille de Minos et de Pasiphaé*
HIPPOLYTE, *fils de Thésée et d'Antiope, reine des Amazones*
ARICIE, *princesse du sang royal d'Athènes*
OENONE, *nourrice et confidente de Phèdre*
THERAMENE, *gouverneur d'Hippolyte*
ISMENE, *confidente d'Aricie*
PANOPE, *femme de la suite de Phèdre*
GARDES

La scène est à Trézène, ville du Péloponnèse.

Copyright © 2021 Jane Austen (domaine public)
Édition : BoD – Books on Demand, 12/14 rond-point des Champs-Élysées, 75008 Paris.
Impression : BoD - Books on Demand, Norderstedt, Allemagne.
ISBN : 9782322182046
Dépôt légal : mai 2021
Tous droits réservés
Ce livre a été produit et maquetté par Reedsy.com

ACTE PREMIER

SCENE PREMIERE

HIPPOLYTE, THERAMENE

HIPPOLYTE — Le dessein en est pris, je pars, cher Théramène,
Et quitte le séjour de l'aimable Trézène.
Dans le doute mortel où je suis agité,
Je commence à rougir de mon oisiveté.
Depuis plus de six mois éloigné de mon père,
J'ignore le destin d'une tête si chère ;
J'ignore jusqu'aux lieux qui le peuvent cacher.
THERAMENE — Et dans quels lieux, Seigneur, l'allez-vous donc chercher ?
Déjà, pour satisfaire à votre juste crainte,
J'ai couru les deux mers que sépare Corinthe ;
J'ai demandé Thésée aux peuples de ces bords
Où l'on voit l'Acheron se perdre chez les morts ;
J'ai visité l'Élide, et, laissant le Ténare,
Passé jusqu'à la mer qui vit tomber Icare.
Sur quel espoir nouveau, dans quels heureux climats
Croyez-vous découvrir la trace de ses pas ?
Qui sait même, qui sait si le Roi votre père
Veut que de son absence on sache le mystère ?
Et si, lorsqu'avec vous nous tremblons pour ses jours,
Tranquille, et nous cachant de nouvelles amours,
Ce héros n'attend point qu'une amante abusée...
HIPPOLYTE — Cher Théramène, arrête, et respecte Thésée.
De ses jeunes erreurs désormais revenu,
Par un indigne obstacle il n'est point retenu ;
Et fixant de ses vœux l'inconstance fatale,

Phèdre depuis longtemps ne craint plus de rivale.
Enfin en le cherchant je suivrai mon devoir,
Et je fuirai ces lieux que je n'ose plus voir.

THERAMENE — Hé ! depuis quand, Seigneur, craignez-vous la présence
De ces paisibles lieux, si chers à votre enfance,
Et dont je vous ai vu préférer le séjour
Au tumulte pompeux d'Athènes et de la cour ?
Quel péril, ou plutôt quel chagrin vous en chasse ?

HIPPOLYTE — Cet heureux temps n'est plus. Tout a changé de face
Depuis que sur ces bords les Dieux ont envoyé
La fille de Minos et de Pasiphaé.

THERAMENE — J'entends. De vos douleurs la cause m'est connue,
Phèdre ici vous chagrine, et blesse votre vue.
Dangereuse marâtre, à peine elle vous vit
Que votre exil d'abord signala son crédit.
Mais sa haine sur vous autrefois attachée,
Ou s'est évanouie, ou bien s'est relâchée.
Et d'ailleurs, quels périls peut vous faire courir
Une femme mourante et qui cherche à mourir ?
Phèdre, atteinte d'un mal qu'elle s'obstine à taire,
Lasse enfin d'elle-même et du jour qui l'éclaire,
Peut-elle contre vous former quelques desseins ?

HIPPOLYTE — Sa vaine inimitié n'est pas ce que je crains.
Hippolyte en partant fuit une autre ennemie.
Je fuis, je l'avouerai, cette jeune Aricie,
Reste d'un sang fatal conjuré contre nous.

THERAMENE — Quoi ! vous-même, Seigneur, la persécutez-vous ?
Jamais l'aimable soeur des cruels Pallantides
Trempa-t-elle aux complots de ses frères perfides ?
Et devez-vous haïr ces innocents appas ?

HIPPOLYTE — Si je la haïssais, je ne la fuirais pas.

THERAMENE — Seigneur, m'est-il permis d'expliquer votre fuite ?
Pourriez-vous n'être plus ce superbe Hippolyte,
Implacable ennemi des amoureuses lois,

Et d'un joug que Thésée a subi tant de fois ?
Vénus, par votre orgueil si longtemps méprisée,
Voudrait-elle à la fin justifier Thésée ?
Et vous mettant au rang du reste des mortels,
Vous a-t-elle forcé d'encenser ses autels ?
Aimeriez-vous, Seigneur ?

HIPPOLYTE — Ami, qu'oses-tu dire ?
Toi qui connais mon coeur depuis que je respire,
Des sentiments d'un coeur si fier, si dédaigneux,
Peux-tu me demander le désaveu honteux ?
C'est peu qu'avec son lait une mère amazone
M'ait fait sucer encor cet orgueil qui t'étonne ;
Dans un âge plus mûr moi-même parvenu,
Je me suis applaudi quand je me suis connu.
Attaché près de moi par un zèle sincère,
Tu me contais alors l'histoire de mon père.
Tu sais combien mon âme, attentive à ta voix,
S'échauffait au récit de ses nobles exploits,
Quand tu me dépeignais ce héros intrépide
Consolant les mortels de l'absence d'Alcide,
Les monstres étouffés et les brigands punis,
Procuste, Cercyon, et Scirron, et Sinnis,
Et les os dispersés du géant d'Epidaure,
Et la Crète fumant du sang du Minotaure.
Mais quand tu récitais des faits moins glorieux,
Sa foi partout offerte et reçue en cent lieux,
Hélène à ses parents dans Sparte dérobée,
Salamine témoin des pleurs de Péribée,
Tant d'autres, dont les noms lui sont même échappés,
Trop crédules esprits que sa flamme a trompés ;
Ariane aux rochers contant ses injustices,
Phèdre enlevée enfin sous de meilleurs auspices ;
Tu sais comme à regret écoutant ce discours,
Je te pressais souvent d'en abréger le cours :

Heureux si j'avais pu ravir à la mémoire
Cette indigne moitié d'une si belle histoire !
Et moi-même, à mon tour, je me verrais lié ?
Et les Dieux jusque-là m'auraient humilié ?
Dans mes lâches soupirs d'autant plus méprisable,
Qu'un long amas d'honneurs rend Thésée excusable,
Qu'aucuns monstres par moi domptés jusqu'aujourd'hui
Ne m'ont acquis le droit de faillir comme lui.
Quand même ma fierté pourrait s'être adoucie,
Aurais-je pour vainqueur dû choisir Aricie ?
Ne souviendrait-il plus à mes sens égarés
De l'obstacle éternel qui nous a séparés ?
Mon père la réprouve ; et par des lois sévères
Il défend de donner des neveux à ses frères :
D'une tige coupable il craint un rejeton ;
Il veut avec leur soeur ensevelir leur nom,
Et que jusqu'au tombeau soumise à sa tutelle,
Jamais les feux d'hymen ne s'allument pour elle.
Dois-je épouser ses droits contre un père irrité ?
Donnerai-je l'exemple à la témérité ?
Et dans un fol amour ma jeunesse embarquée...

THERAMENE — Ah ! Seigneur si votre heure est une fois marquée,
Le Ciel de nos raisons ne sait point s'informer.
Thésée ouvre vos yeux en voulant les fermer,
Et sa haine, irritant une flamme rebelle,
Prête à son ennemie une grâce nouvelle.
Enfin d'un chaste amour pourquoi vous effrayer ?
S'il a quelque douceur, n'osez-vous l'essayer ?
En croirez-vous toujours un farouche scrupule ?
Craint-on de s'égarer sur les traces d'Hercule ?
Quels courages Vénus n'a-t-elle pas domptés !
Vous-même où seriez-vous, vous qui la combattez,
Si toujours Antiope à ses lois opposée,
D'une pudique ardeur n'eût brûlé pour Thésée ?

Mais que sert d'affecter un superbe discours ?
Avouez-le, tout change ; et depuis quelques jours
On vous voit moins souvent, orgueilleux et sauvage,
Tantôt faire voler un char sur le rivage,
Tantôt, savant dans l'art par Neptune inventé,
Rendre docile au frein un coursier indompté.
Les forêts de nos cris moins souvent retentissent.
Chargés d'un feu secret, vos yeux s'appesantissent.
Il n'en faut point douter : vous aimez, vous brûlez ;
Vous périssez d'un mal que vous dissimulez.
La charmante Aricie a-t-elle su vous plaire ?
HIPPOLYTE — Théramène, je pars, et vais chercher mon père.
THERAMENE — Ne verrez-vous point Phèdre avant que de partir, Seigneur ?
HIPPOLYTE — C'est mon dessein : tu peux l'en avertir.
Voyons-la, puisqu'ainsi mon devoir me l'ordonne.
Mais quel nouveau malheur trouble sa chère OEnone ?

SCENE II

HIPPOLYTE, OENONE, THERAMENE

OENONE — Hélas ! Seigneur, quel trouble au mien peut être égal ?
La Reine touche presque à son terme fatal.
En vain à l'observer jour et nuit je m'attache :
Elle meurt dans mes bras d'un mal qu'elle me cache.
Un désordre éternel règne dans son esprit.
Son chagrin inquiet l'arrache de son lit.
Elle veut voir le jour ; et sa douleur profonde
M'ordonne toutefois d'écarter tout le monde...
Elle vient.
HIPPOLYTE — Il suffit : je la laisse en ces lieux,
Et ne lui montre point un visage odieux.

SCENE III

PHEDRE, OENONE

PHEDRE — N'allons point plus avant. Demeurons, chère Oenone.
Je ne me soutiens plus, ma force m'abandonne.
Mes yeux sont éblouis du jour que je revoi,
Et mes genoux tremblants se dérobent sous moi.
Hélas !
OENONE — Dieux tout-puissants ! que nos pleurs vous apaisent.
PHEDRE — Que ces vains ornements, que ces voiles me pèsent !
Quelle importune main, en formant tous ces noeuds,
A pris soin sur mon front d'assembler mes cheveux ?
Tout m'afflige et me nuit, et conspire à me nuire.
OENONE — Comme on voit tous ses voeux l'un l'autre se détruire !
Vous-même, condamnant vos injustes desseins,
Tantôt à vous parer vous excitiez nos mains ;
Vous-même, rappelant votre force première,
Vous vouliez vous montrer et revoir la lumière.
Vous la voyez, madame, et prête à vous cacher,
Vous haïssez le jour que vous veniez chercher ?
PHEDRE — Noble et brillant auteur d'une triste famille,
Toi, dont ma mère osait se vanter d'être fille,
Qui peut-être rougis du trouble où tu me vois,
Soleil, je te viens voir pour la dernière fois.
OENONE — Quoi ! vous ne perdrez point cette cruelle envie ?
Vous verrai-je toujours, renonçant à la vie,
Faire de votre mort les funestes apprêts ?
PHEDRE — Dieux ! que ne suis-je assise à l'ombre des forêts !
Quand pourrai-je, au travers d'une noble poussière,
Suivre de l'oeil un char fuyant dans la carrière ?
OENONE — Quoi, Madame ?
PHEDRE — Insensée, où suis-je ? et qu'ai-je dit ?
Où laissé-je égarer mes voeux et mon esprit ?

Je l'ai perdu : les Dieux m'en ont ravi l'usage.

OEnone, la rougeur me couvre le visage :

Je te laisse trop voir mes honteuses douleurs,

Et mes yeux, malgré moi, se remplissent de pleurs.

OENONE — Ah ! s'il vous faut rougir, rougissez d'un silence

Qui de vos maux encore aigrit la violence.

Rebelle à tous nos soins, sourde à tous nos discours,

Voulez-vous sans pitié laisser finir vos jours ?

Quelle fureur les borne au milieu de leur course ?

Quel charme ou quel poison en a tari la source ?

Les ombres par trois fois ont obscurci les cieux

Depuis que le sommeil n'est entré dans vos yeux ;

Et le jour a trois fois chassé la nuit obscure

Depuis que votre corps languit sans nourriture.

A quel affreux dessein vous laissez-vous tenter ?

De quel droit sur vous-même osez-vous attenter ?

Vous offensez les Dieux auteurs de votre vie ;

Vous trahissez l'époux à qui la foi vous lie ;

Vous trahissez enfin vos enfants malheureux,

Que vous précipitez sous un joug rigoureux.

Songez qu'un même jour leur ravira leur mère,

Et rendra l'espérance au fils de l'étrangère,

A ce fier ennemi de vous, de votre sang,

Ce fils qu'une Amazone a porté dans son flanc,

Cet Hippolyte...

PHEDRE — Ah, dieux !

OENONE — Ce reproche vous touche.

PHEDRE — Malheureuse, quel nom est sorti de ta bouche ?

OENONE — Hé bien ! votre colère éclate avec raison :

J'aime à vous voir frémir à ce funeste nom.

Vivez donc. Que l'amour, le devoir vous excite,

Vivez, ne souffrez pas que le fils d'une Scythe,

Accablant vos enfants d'un empire odieux,

Commande au plus beau sang de la Grèce et des Dieux.

Mais ne différez point : chaque moment vous tue.
Réparez promptement votre force abattue,
Tandis que de vos jours, prêts à se consumer,
Le flambeau dure encore, et peut se rallumer.

PHEDRE — J'en ai trop prolongé la coupable durée.

OENONE — Quoi ? de quel remords êtes-vous déchirée ?
Quel crime a pu produire un trouble si pressant ?
Vos mains n'ont point trempé dans le sang innocent ?

PHEDRE — Grâces au ciel, mes mains ne sont point criminelles.
Plût aux Dieux que mon coeur fût innocent comme elles !

OENONE — Et quel affreux projet avez-vous enfanté,
Dont votre coeur encor doive être épouvanté ?

PHEDRE — Je t'en ai dit assez. Epargne-moi le reste.
Je meurs pour ne point faire un aveu si funeste.

OENONE — Mourez donc, et gardez un silence inhumain ;
Mais pour fermer vos yeux cherchez une autre main.
Quoiqu'il vous reste à peine une faible lumière,
Mon âme chez les morts descendra la première.
Mille chemins ouverts y conduisent toujours,
Et ma juste douleur choisira les plus courts.
Cruelle, quand ma foi vous a-t-elle déçue ?
Songez-vous qu'en naissant mes bras vous ont reçue ?
Mon pays, mes enfants, pour vous j'ai tout quitté.
Réserviez-vous ce prix à ma fidélité ?

PHEDRE — Quel fruit espères-tu de tant de violence ?
Tu frémiras d'horreur si je romps le silence.

OENONE — Et que me direz-vous qui ne cède, grands Dieux !
A l'horreur de vous voir expirer à mes yeux ?

PHEDRE — Quand tu sauras mon crime, et le sort qui m'accable,
Je n'en mourrai pas moins, j'en mourrai plus coupable.

OENONE — Madame, au nom des pleurs que pour vous j'ai versés,
Par vos faibles genoux que je tiens embrassés,
Délivrez mon esprit de ce funeste doute.

PHEDRE — Tu le veux. Lève-toi.

OENONE — Parlez : je vous écoute.

PHEDRE — Ciel ! que vais-je lui dire ? Et par où commencer ?

OENONE — Par de vaines frayeurs cessez de m'offenser.

PHEDRE — O haine de Vénus ! O fatale colère !
Dans quels égarements l'amour jeta ma mère !

OENONE — Oublions-les, Madame. Et qu'à tout l'avenir
Un silence éternel cache ce souvenir.

PHEDRE — Ariane, ma soeur ! de quel amour blessée,
Vous mourûtes aux bords où vous fûtes laissée !

OENONE — Que faites-vous, Madame ? Et quel mortel ennui
Contre tout votre sang vous anime aujourd'hui ?

PHEDRE — Puisque Vénus le veut, de ce sang déplorable
Je péris la dernière, et la plus misérable.

OENONE — Aimez-vous ?

PHEDRE — De l'amour j'ai toutes les fureurs.

OENONE — Pour qui ?

PHEDRE — Tu vas ouïr le comble des horreurs.
J'aime... A ce nom fatal, je tremble, je frissonne.
J'aime...

OENONE — Qui ?

PHEDRE — Tu connais ce fils de l'Amazone,
Ce prince si longtemps par moi-même opprimé ?

OENONE — Hippolyte ! Grands Dieux !

PHEDRE — C'est toi qui l'as nommé.

OENONE — Juste ciel ! tout mon sang dans mes veines se glace.
O désespoir ! ô crime ! ô déplorable race !
Voyage infortuné ! Rivage malheureux,
Fallait-il approcher de tes bords dangereux ?

PHEDRE — Mon mal vient de plus loin. A peine au fils d'Egée
Sous les lois de l'hymen je m'étais engagée,
Mon repos, mon bonheur semblait s'être affermi,
Athènes me montra mon superbe ennemi.
Je le vis, je rougis, je pâlis à sa vue ;
Un trouble s'éleva dans mon âme éperdue ;

Mes yeux ne voyaient plus, je ne pouvais parler ;
Je sentis tout mon corps et transir et brûler.
Je reconnus Vénus et ses feux redoutables,
D'un sang qu'elle poursuit tourments inévitables.
Par des voeux assidus je crus les détourner :
Je lui bâtis un temple, et pris soin de l'orner ;
De victimes moi-même à toute heure entourée,
Je cherchais dans leurs flancs ma raison égarée,
D'un incurable amour remèdes impuissants !
En vain sur les autels ma main brûlait l'encens :
Quand ma bouche implorait le nom de la Déesse,
J'adorais Hippolyte ; et le voyant sans cesse,
Même au pied des autels que je faisais fumer,
J'offrais tout à ce Dieu que je n'osais nommer.
Je l'évitais partout. O comble de misère !
Mes yeux le retrouvaient dans les traits de son père.
Contre moi-même enfin j'osai me révolter :
J'excitai mon courage à le persécuter.
Pour bannir l'ennemi dont j'étais idolâtre,
J'affectai les chagrins d'une injuste marâtre ;
Je pressai son exil, et mes cris éternels
L'arrachèrent du sein et des bras paternels.
Je respirais Oenone, et depuis son absence,
Mes jours moins agités coulaient dans l'innocence.
Soumise à mon époux, et cachant mes ennuis,
De son fatal hymen je cultivais les fruits.
Vaine précautions ! Cruelle destinée !
Par mon époux lui-même à Trézène amenée,
J'ai revu l'ennemi que j'avais éloigné :
Ma blessure trop vive a aussitôt saigné,
Ce n'est plus une ardeur dans mes veines cachée :
C'est Vénus tout entière à sa proie attachée.
J'ai conçu pour mon crime une juste terreur ;
J'ai pris la vie en haine, et ma flamme en horreur.

Je voulais en mourant prendre soin de ma gloire ;
Et dérober au jour une flamme si noire :
Je n'ai pu soutenir tes larmes, tes combats ;
Je t'ai tout avoué ; je ne m'en repens pas,
Pourvu que de ma mort respectant les approches,
Tu ne m'affliges plus par d'injustes reproches,
Et que tes vains secours cessent de rappeler
Un reste de chaleur tout prêt à s'exhaler.

SCENE IV

PHEDRE, OENONE, PANOPE

PANOPE — Je voudrais vous cacher une triste nouvelle,
Madame ; mais il faut que je vous la révèle.
La mort vous a ravi votre invincible époux,
Et ce malheur n'est plus ignoré que de vous.
OENONE — Panope, que dis-tu ?
PANOPE — Que la Reine abusée
En vain demande au ciel le retour de Thésée,
Et que par des vaisseaux arrivés dans le port
Hippolyte son fils vient d'apprendre sa mort.
PHEDRE — Ciel !
PANOPE — Pour le choix d'un maître Athènes se partage.
Au Prince votre fils l'un donne son suffrage,
Madame ; et de l'Etat l'autre oubliant les lois,
Au fils de l'étrangère ose donner sa voix.
On dit même qu'au trône une brigue insolente
Veut placer Aricie et le sang de Pallante.
J'ai cru de ce péril devoir vous avertir.
Déjà même Hippolyte est tout prêt à partir ;
Et l'on craint, s'il paraît dans ce nouvel orage,
Qu'il n'entraîne après lui tout un peuple volage.
OENONE — Panope, c'est assez. La Reine, qui t'entend,
Ne négligera point cet avis important.

SCENE V

PHEDRE, OENONE

OENONE — Madame, je cessais de vous presser de vivre ;
Déjà même au tombeau je songeais à vous suivre ;
Pour vous en détourner je n'avais plus de voix ;
Mais ce nouveau malheur vous prescrit d'autres lois.
Votre fortune change et prend une autre face :
Le Roi n'est plus. Madame, il faut prendre sa place.
Sa mort vous laisse un fils à qui vous vous devez,
Esclave s'il vous perd, et roi si vous vivez.
Sur qui, dans son malheur, voulez-vous qu'il s'appuie ?
Ses larmes n'auront plus de main qui les essuie ;
Et ses cris innocents, portés jusques aux Dieux,
Iront contre sa mère irriter ses aïeux.
Vivez, vous n'avez plus de reproche à vous faire :
Votre flamme devient une flamme ordinaire.
Thésée en expirant vient de rompre les noeuds
Qui faisaient tout le crime et l'horreur de vos feux.
Hippolyte pour vous devient moins redoutable,
Et vous pouvez le voir sans vous rendre coupable.
Peut-être convaincu de votre aversion,
Il va donner un chef à la sédition.
Détrompez son erreur, fléchissez son courage.
Roi de ces bords heureux, Trézène est son partage ;
Mais il sait que les lois donnent à votre fils
Les superbes remparts que Minerve a bâtis.
Vous avez l'un et l'autre une juste ennemie :
Unissez-vous tous deux pour combattre Aricie.

PHEDRE — Hé bien ! à tes conseils je me laisse entraîner.
Vivons, si vers la vie on peut me ramener,
Et si l'amour d'un fils en ce moment funeste
De mes faibles esprits peut ranimer le reste.

ACTE II

SCENE I

ARICIE, ISMENE

ARICIE — Hippolyte demande à me voir en ce lieu ?
Hippolyte me cherche et veut me dire adieu ?
Ismène, dis-tu vrai ? N'es-tu point abusée ?
ISMENE — C'est le premier effet de la mort de Thésée.
Préparez-vous, Madame, à voir de tous côtés
Voler vers vous les coeurs par Thésée écartés.
Aricie à la fin de son sort est maîtresse,
Et bientôt à ses pieds verra toute la Grèce.
ARICIE — Ce n'est donc point, Ismène, un bruit mal affermi ?
Je cesse d'être esclave, et n'ai plus d'ennemi ?
ISMENE — Non, Madame. les Dieux ne vous sont plus contraires,
Et Thésée a rejoint les mânes de vos frères.
ARICIE — Dit-on quelle aventure a terminé ses jours ? .
ISMENE — On sème de sa mort d'incroyables discours.
On dit que ravisseur d'une amante nouvelle
Les flots ont englouti cet époux infidèle.
On dit même, et ce bruit est partout répandu,
Qu'avec Pirithoüs aux enfers descendu,
Il a vu le Cocyte et les rivages sombres,
Et s'est montré vivant aux infernales ombres ;
Mais qu'il n'a pu sortir de ce triste séjour,
Et repasser les bords qu'on passe sans retour.
ARICIE — Croirai-je qu'un mortel avant sa dernière heure
Peut pénétrer des morts la profonde demeure ?
Quel charme l'attirait sur ces bords redoutés ?
ISMENE — Thésée est mort, Madame, et vous seule en doutez :
Athènes en gémit, Trézène en est instruite,

Et déjà pour son roi reconnaît Hippolyte.
Phèdre, dans ce palais, tremblante pour son fils,
De ses amis troublés demande les avis.

ARICIE — Et tu crois que pour moi plus humain que son père,
Hippolyte rendra ma chaîne plus légère ?
Qu'il plaindra mes malheurs ?

ISMENE — Madame, je le croi.

ARICIE — L'insensible Hippolyte est-il connu de toi ?
Sur quel frivole espoir penses-tu qu'il me plaigne,
Et respecte en moi seule un sexe qu'il dédaigne ?
Tu vois depuis quel temps il évite nos pas,
Et cherche tous les lieux où nous ne sommes pas.

ISMENE — Je sais de ses froideurs tout ce que l'on récite ;
Mais j'ai vu près de vous ce superbe Hippolyte ;
Et même, en le voyant, le bruit de sa fierté
A redoublé pour lui ma curiosité.
Sa présence à ce bruit n'a point paru répondre :
Dès vos premiers regards je l'ai vu se confondre.
Ses yeux, qui vainement voulaient vous éviter,
Déjà pleins de langueur, ne pouvaient vous quitter.
Le nom d'amant peut-être offense son courage ;
Mais il en a les yeux, s'il n'en a le langage.

ARICIE — Que mon coeur, chère Ismène, écoute avidement
Un discours qui peut-être a peu de fondement !
O toi qui me connais, te semblait-il croyable
Que le triste jouet d'un sort impitoyable,
Un coeur toujours nourri d'amertume et de pleurs,
Dût connaître l'amour et ses folles douleurs ?
Reste du sang d'un roi, noble fils de la terre,
Je suis seule échappée aux fureurs de la guerre.
J'ai perdu dans la fleur de leur jeune saison,
Six frères, quel espoir d'une illustre maison !
Le fer moissonna tout, et la terre humectée
But à regret le sang des neveux d'Erechtée.

Tu sais, depuis leur mort, quelle sévère loi
Défend à tous les Grecs de soupirer pour moi :
On craint que de la soeur les flammes téméraires
Ne raniment un jour la cendre de ses frères.
Mais tu sais bien aussi de quel oeil dédaigneux
Je regardais ce soin d'un vainqueur soupçonneux.
Tu sais que de tout temps à l'amour opposée,
Je rendais souvent grâce à l'injuste
THESEE — Dont l'heureuse rigueur secondait mes mépris.
Mes yeux alors, mes yeux n'avaient pas vu son fils.
Non que par les yeux seuls, lâchement enchantée,
J'aime en lui sa beauté, sa grâce tant vantée,
Présents dont la nature a voulu l'honorer,
Qu'il méprise lui-même, et qu'il semble ignorer.
J'aime, je prise en lui de plus nobles richesses,
Les vertus de son père, et non point les faiblesses.
J'aime, je l'avouerai, cet orgueil généreux
Qui n'a jamais fléchi sous le joug amoureux.
Phèdre en vain s'honorait des soupirs de Thésée :
Pour moi, je suis plus fière, et fuis la gloire ; aisée
D'arracher un hommage à mille autres offert,
Et d'entrer dans un coeur de toutes parts ouvert.
Mais de faire fléchir un courage inflexible,
De porter la douleur dans une âme insensible,
D'enchaîner un captif de ses fers étonné,
Contre un joug qui lui plaît vainement mutiné ;
C'est là ce que je veux, c'est là ce qui m'irrite.
Hercule à désarmer coûtait moins qu'Hippolyte,
Et vaincu plus souvent, et plus tôt surmonté,
Préparait moins de gloire ; aux yeux qui l'ont dompté.
Mais, chère Ismène, hélas ! quelle est mon impudence !
On ne m'opposera que trop de résistance.
Tu m'entendras peut-être, humble dans mon ennui,
Gémir du même orgueil que j'admire aujourd'hui.

Hippolyte aimerait ? Par quel bonheur extrême
Aurais-je pu fléchir...
ISMENE — Vous l'entendrez lui-même :
Il vient à vous.

SCENE II

HIPPOLYTE, ARICIE, ISMENE

HIPPOLYTE — Madame, avant que de partir,
J'ai cru de votre sort devoir vous avertit.
Mon père ne vit plus. Ma juste défiance
Présageait les raisons de sa trop longue absence :
La mort seule, bornant ses travaux éclatants,
Pouvait à l'univers le cacher si longtemps.
Les Dieux livrent enfin à la Parque homicide
L'ami, le compagnon, le successeur d'Alcide.
Je crois que votre haine, épargnant ses vertus,
Ecoute sans regret ces noms qui lui sont dus.
Un espoir adoucit ma tristesse mortelle :
Je puis vous affranchir d'une austère tutelle.
Je révoque des lois dont j'ai plaint la rigueur :
Vous pouvez disposer de vous, de votre coeur ;
Et dans cette Trézène, aujourd'hui mon partage,
De mon aïeul Pitthée autrefois l'héritage,
Qui m'a sans balancer reconnu pour son roi,
Je vous laisse aussi libre, et plus libre que moi.
ARICIE — Modérez des bontés dont l'excès m'embarrasse.
D'un soin si généreux honorer ma disgrâce,
Seigneur, c'est me ranger, plus que vous ne pensez,
Sous ces austères lois dont vous me dispensez.
HIPPOLYTE — Du choix d'un successeur Athènes incertaine,
Parle de vous, me nomme, et le fils de la Reine.
ARICIE — De moi, Seigneur ?
HIPPOLYTE — Je sais, sans vouloir me flatter,

Qu'une superbe loi semble me rejeter.
La Grèce me reproche une mère étrangère.
Mais si pour concurrent je n'avais que mon frère,
Madame, j'ai sur lui de véritables droits
Que je saurais sauver du caprice des lois.
Un frein plus légitime arrête mon audace :
Je vous cède, ou plutôt je vous rends une place,
Un sceptre que jadis vos aïeux ont reçu
De ce fameux mortel que la terre a conçu.
L'adoption le mit entre les mains d'Egée.
Athènes, par mon père accrue et protégée,
Reconnut avec joie un roi si généreux,
Et laissa dans l'oubli vos frères malheureux.
Athènes dans ses murs maintenant vous rappelle.
Assez elle a gémi d'une longue querelle,
Assez dans ses sillons votre sang englouti
A fait fumer le champ dont il était sorti.
Trézène m'obéit. Les campagnes de Crète
Offrent au fils de Phèdre une riche retraite.
L'Attique est votre bien. Je pars et vais pour vous
Réunir tous les voeux partagés entre nous.
ARICIE — De tout ce que j'entends étonnée et confuse,
Je crains presque, je crains qu'un songe ne m'abuse.
Veillé-je ? Puis-je croire un semblable dessein ?
Quel Dieu, Seigneur, quel Dieu l'a mis dans votre sein ?
Qu'à bon droit votre gloire ; en tous lieux est semée !
Et que la vérité passe la renommée !
Vous-même en ma faveur vous voulez vous trahir !
N'était-ce pas assez de ne me point haïr ?
Et d'avoir si longtemps pu défendre votre âme
De cette inimitié...
HIPPOLYTE — Moi, vous haïr, Madame ?
Avec quelques couleurs qu'on ait peint ma fierté,
Croit-on que dans ses flancs un monstre m'ait porté ?

Quelles sauvages moeurs, quelle haine endurcie
Pourrait, en vous voyant, n'être point adoucie ?
Ai-je pu résister au charme décevant...
ARICIE — Quoi ? Seigneur.
HIPPOLYTE — Je me suis engagé trop avant.
Je vois que la raison cède à la violence.
Puisque j'ai commencé de rompre le silence,
Madame, il faut poursuivre : il faut vous informer
D'un secret que mon coeur ne peut plus renfermer.
Vous voyez devant vous un prince déplorable,
D'un téméraire orgueil exemple mémorable.
Moi qui, contre l'amour fièrement révolté,
Aux fers de ses captifs ai longtemps insulté ;
Qui des faibles mortels déplorant les naufrages,
Pensais toujours du bord contempler les orages ;
Asservi maintenant sous la commune loi,
Par quel trouble me vois-je emporté loin de moi ?
Un moment a vaincu mon audace imprudente :
Cette âme si superbe est enfin dépendante.
Depuis près de six mois, honteux, désespéré,
Portant partout le trait dont je suis déchiré,
Contre vous, contre moi, vainement je m'éprouve :
Présente je vous fuis, absente je vous trouve ;
Dans le fond des forêts votre image me suit ;
La lumière du jour, les ombres de la nuit,
Tout retrace à mes yeux les charmes que j'évite,
Tout vous livre à l'envi le rebelle Hippolyte.
Moi-même, pour tout fruit de mes soins superflus,
Maintenant je me cherche, et ne me trouve plus.
Mon arc, mes javelots, mon char, tout m'importune.
Je ne me souviens plus des leçons de Neptune.
Mes seuls gémissements font retentir les bois,
Et mes coursiers oisifs ont oublié ma voix.
Peut-être le récit d'un amour si sauvage

Vous fait en m'écoutant rougir de votre ouvrage.
D'un coeur qui s'offre à vous quel farouche entretien !
Quel étrange captif pour un si beau lien !
Mais l'offrande à vos yeux en doit être plus chère.
Songez que je vous parle une langue étrangère,
Et ne rejetez pas des voeux mal exprimés,
Qu'Hippolyte sans vous n'aurait jamais formés.

SCENE III

HIPPOLYTE, ARICIE, THERAMENE, ISMENE

THERAMENE — Seigneur, la reine vient, et je l'ai devancée.
Elle vous cherche.
HIPPOLYTE — Moi ?
THERAMENE — J'ignore sa pensée,
Mais on vous est venu demander de sa part.
Phèdre veut vous parler avant votre départ.
HIPPOLYTE — Phèdre ? Que lui dirai-je ? Et que peut-elle attendre...
ARICIE — Seigneur, vous ne pouvez refuser de l'entendre.
Quoique trop convaincu de son inimitié,
Vous devez à ses pleurs quelque ombre de pitié.
HIPPOLYTE — Cependant vous sortez. Et je pars. Et j'ignore
Si je n'offense point les charmes que j'adore.
J'ignore si ce coeur que je laisse en vos mains...
ARICIE — Partez, Prince, et suivez vos généreux desseins.
Rendez de mon pouvoir Athènes tributaire.
J'accepte tous les dons que vous voulez me faire.
Mais cet Empire enfin si grand, si glorieux,
N'est pas de vos présents le plus cher à mes yeux.

SCENE IV

HIPPOLYTE, THERAMENE

HIPPOLYTE — Ami, tout est-il prêt ? Mais la Reine s'avance.
Va, que pour le départ tout s'arme en diligence.
Fais donner le signal, cours, ordonne et revien
Me délivrer bientôt d'un fâcheux entretien.

SCENE V

PHEDRE, HIPPOLYTE, OENONE

PHEDRE *à Oenone* — Le voici. Vers mon coeur tout mon sang se retire.
J'oublie, en le voyant, ce que je viens lui dire.
OENONE — Souvenez-vous d'un fils qui n'espère qu'en vous.
PHEDRE — On dit qu'un prompt départ vous éloigne de nous,
Seigneur. A vos douleurs je viens joindre mes larmes.
Je vous viens pour un fils expliquer mes alarmes.
Mon fils n'a plus de père, et le jour n'est pas loin
Qui de ma mort encor doit le rendre témoin.
Déjà mille ennemis attaquent son enfance ;
Vous seul pouvez contre eux embrasser sa défense.
Mais un secret remords agite mes esprits.
Je crains d'avoir fermé votre oreille à ses cris.
Je tremble que sur lui votre juste colère
Ne poursuive bientôt une odieuse mère.
HIPPOLYTE — Madame, je n'ai point des sentiments si bas.
PHEDRE — Quand vous me haïriez, je ne m'en plaindrais pas,
Seigneur. Vous m'avez vue attachée à vous nuire ;
Dans le fond de mon coeur vous ne pouviez pas lire.
A votre inimitié j'ai pris soin de m'offrir.
Aux bords que j'habitais je n'ai pu vous souffrir.
En public, en secret, contre vous déclarée,

J'ai voulu par des mers en être séparée ;
J'ai même défendu par une expresse loi
Qu'on osât prononcer votre nom devant moi.
Si pourtant à l'offense on mesure la peine,
Si la haine peut seule attirer votre haine,
Jamais femme ne fut plus digne de pitié,
Et moins digne, Seigneur, de votre inimitié.

HIPPOLYTE — Des droits de ses enfants une mère jalouse
Pardonne rarement au fils d'une autre épouse.
Madame, je le sais. Les soupçons importuns
Sont d'un second hymen les fruits les plus communs.
Toute autre aurait pour moi pris les mêmes ombrages,
Et j'en aurais peut-être essuyé plus d'outrages.

PHEDRE — Ah ! Seigneur, que le Ciel, j'ose ici l'attester,
De cette loi commune a voulu m'excepter !
Qu'un soin bien différent me trouble et me dévore !

HIPPOLYTE — Madame, il n'est pas temps de vous troubler encore.
Peut-être votre époux voit encore le jour ;
Le ciel peut à nos pleurs accorder son retour.
Neptune le protège, et ce Dieu tutélaire
Ne sera pas en vain imploré par mon père.

PHEDRE — On ne voit point deux fois le rivage des morts,
Seigneur. Puisque Thésée a vu les sombres bords,
En vain vous espérez qu'un Dieu vous le renvoie,
Et l'avare Achéron ne lâche point sa proie.
Que dis-je ? Il n'est point mort, puisqu'il respire en vous.
Toujours devant mes yeux je crois vois mon époux.
Je le vois, je lui parle, et mon coeur... Je m'égare,
Seigneur ; ma folle ardeur malgré moi se déclare.

HIPPOLYTE — Je vois de votre amour l'effet prodigieux.
Tout mort qu'il est, Thésée est présent à vos yeux ;
Toujours de son amour votre âme est embrasée.

PHEDRE — Oui, Prince, je languis, je brûle pour Thésée.
Je l'aime, non point tel que l'ont vu les enfers,

Volage adorateur de mille objets divers,

Qui va du Dieu des morts déshonorer la couche ;

Mais fidèle, mais fier, et même un peu farouche,

Charmant, jeune, traînant tous les coeurs après soi,

Tel qu'on dépeint nos Dieux, ou tel que je vous voi.

Il avait votre port, vos yeux, votre langage,

Cette noble pudeur colorait son visage,

Lorsque de notre Crète il traversa les flots,

Digne sujet des voeux des filles de Minos.

Que faisiez-vous alors ? Pourquoi sans Hyppolyte

Des héros de la Grèce assembla-t-il l'élite ?

Pourquoi, trop jeune encor, ne pûtes-vous alors

Entrer dans le vaisseau qui le mit sur nos bords ?

Par vous aurait péri le monstre de la Crète,

Malgré tous les détours de sa vaste retraite.

Pour en développer l'embarras incertain,

Ma soeur du fil fatal eût armé votre main.

Mais non, dans ce dessein je l'aurais devancée :

L'amour m'en eût d'abord inspiré la pensée.

C'est moi, Prince, c'est moi dont l'utile secours

Vous eût du Labyrinthe enseigné les détours.

Que de soins m'eût coûté cette tête charmante !

Un fil n'eût point assez rassuré votre amante.

Compagne du péril qu'il vous fallait chercher,

Moi-même devant vous j'aurais voulu marcher ;

Et Phèdre, au Labyrinthe avec vous descendue,

Se serait avec vous retrouvée ou perdue.

HIPPOLYTE — Dieux ! qu'est-ce que j'entends ? Madame, oubliez-vous

Que Thésée est mon père et qu'il est votre époux ?

PHEDRE — Et sur quoi jugez-vous que j'en perds la mémoire,

Prince ? Aurais-je perdu tout le soin de ma gloire ; ?

HIPPOLYTE — Madame, pardonnez. J'avoue, en rougissant,

Que j'accusais à tort un discours innocent.

Ma honte ne peut plus soutenir votre vue ;

Et je vais...

PHEDRE — Ah ! cruel, tu m'as trop entendue.
Je t'en ai dit assez pour te tirer d'erreur.
Hé bien ! connais donc Phèdre et toute sa fureur.
J'aime. Ne pense pas qu'au moment que je t'aime,
Innocente à mes yeux je m'approuve moi-même,
Ni que du fol amour qui trouble ma raison
Ma lâche complaisance ait nourri le poison.
Objet infortuné des vengeances célestes,
Je m'abhorre encor plus que tu ne me détestes.
Les Dieux m'en sont témoins, ces Dieux qui dans mon flanc
Ont allumé le feu fatal à tout mon sang,
Ces Dieux qui se sont fait une gloire ; cruelle
De séduire le coeur d'une faible mortelle.
Toi-même en ton esprit rappelle le passé.
C'est peu de t'avoir fui, cruel, je t'ai chassé.
J'ai voulu te paraître odieuse, inhumaine.
Pour mieux te résister, j'ai recherché ta haine.
De quoi m'ont profité mes inutiles soins ?
Tu me haïssais plus, je ne t'aimais pas moins.
Tes malheurs te prêtaient encor de nouveaux charmes.
J'ai langui, j'ai séché, dans les feux, dans les larmes.
Il suffit de tes yeux pour t'en persuader,
Si tes yeux un moment pouvaient me regarder.
Que dis-je ? Cet aveu que je viens de te faire,
Cet aveu si honteux, le crois-tu volontaire ?
Tremblante pour un fils que je n'osais trahir,
Je te venais prier de ne le point haïr.
Faibles projets d'un coeur trop plein de ce qu'il aime !
Hélas ! je ne t'ai pu parler que de toi-même.
Venge-toi, punis-moi d'un odieux amour.
Digne fils du héros qui t'a donné le jour,
Délivre l'univers d'un monstre qui t'irrite.
La veuve de Thésée ose aimer Hippolyte !

Crois-moi, ce monstre affreux ne doit point t'échapper.
Voilà mon coeur. C'est là que ta main doit frapper.
Impatient déjà d'expier son offense,
Au-devant de ton bras je le sens qui s'avance.
Frappe. Ou si tu le crois indigne de tes coups,
Si ta haine m'envie un supplice si doux,
Ou si d'un sang trop vil ta main serait trempée,
Au défaut de ton bras prête-moi ton épée.
Donne.
OENONE — Que faites-vous, Madame ? Justes Dieux !
Mais on vient. Evitez des témoins odieux ;
Venez, rentrez, fuyez une honte certaine.

SCENE VI

HIPPOLYTE, THERAMENE

THERAMENE — Est-ce Phèdre qui fuit, ou plutôt qu'on entraîne ?
Pourquoi, Seigneur, pourquoi ces marques de douleur ?
Je vous vois sans épée, interdit, sans couleur ?
HIPPOLYTE — Théramène, fuyons. Ma surprise est extrême.
Je ne puis sans horreur me regarder moi-même.
Phèdre... Mais non, grands Dieux ! qu'en un profond oubli
Cet horrible secret demeure enseveli.
THERAMENE — Si vous voulez partir, la voile est préparée.
Mais Athènes, Seigneur, s'est déjà déclarée.
Ses chefs ont pris les voix de toutes ses tribus.
Votre frère l'emporte, et Phèdre a le dessus.
HIPPOLYTE — Phèdre ?
THERAMENE — Un héraut chargé des volontés d'Athènes
De l'Etat en ses mains vient remettre les rênes.
Son fils est roi, Seigneur.
HIPPOLYTE — Dieux, qui la connaissez,
Est-ce donc sa vertu que vous récompensez ?

THERAMENE — Cependant un bruit sourd veut que le Roi respire.
On prétend que Thésée a paru dans l'Epire.
Mais moi qui l'y cherchai, Seigneur, je sais trop bien...
HIPPOLYTE — N'importe, écoutons tout, et ne négligeons rien.
Examinons ce bruit, remontons à sa source.
S'il ne mérite pas d'interrompre ma course,
Partons ; et quelque prix qu'il en puisse coûter,
Mettons le sceptre aux mains dignes de le porter.

ACTE III

SCENE I
PHEDRE, OENONE

PHEDRE — Ah ! que l'on porte ailleurs les honneurs qu'on m'envoie.
Importune, peux-tu souhaiter qu'on me voie ?
De quoi viens-tu flatter mon esprit désolé ?
Cache-moi bien plutôt, je n'ai que trop parlé.
Mes fureurs au-dehors ont osé se répandre.
J'ai dit ce que jamais on ne devait entendre.
Ciel ! comme il m'écoutait ! Par combien de détours
L'insensible a longtemps éludé mes discours !
Comme il ne respirait qu'une retraite prompte !
Et combien sa rougeur a redoublé ma honte !
Pourquoi détournais-tu mon funeste dessein ?
Hélas ! quand son épée allait chercher mon sein,
A-t-il pâli pour moi ? me l'a-t-il arrachée ?
Il suffit que ma main l'ait une fois touchée,
Je l'ai rendue horrible à ses yeux inhumains ;
Et ce fer malheureux profanerait ses mains.
OENONE — Ainsi dans vos malheurs ne songeant qu'à vous plaindre,

Vous nourrissez un feu qu'il vous faudrait éteindre.
Ne vaudrait-il pas mieux, digne sang de Minos,
Dans de plus nobles soins chercher votre repos,
Contre un ingrat qui plaît recourir à la fuite,
Régner, et de l'Etat embrasser la conduite ?

PHEDRE — Moi régner ! Moi ranger un Etat sous ma loi,
Quand ma faible raison ne règne plus sur moi !
Lorsque j'ai de mes sens abandonné l'empire !
Quand sous un joug honteux à peine je respire !
Quand je me meurs !

OENONE — Fuyez.

PHEDRE — Je ne le puis quitter.

OENONE — Vous l'osâtes bannir, vous n'osez l'éviter.

PHEDRE — Il n'est plus temps. Il sait mes ardeurs insensées.
De l'austère pudeur les bornes sont passées.
J'ai déclaré ma honte aux yeux de mon vainqueur,
Et l'espoir, malgré moi, s'est glissé dans mon coeur.
Toi-même, rappelant ma force défaillante,
Et mon âme déjà sur mes lèvres errante,
Par tes conseils flatteurs tu m'as su ranimer.
Tu m'as fait entrevoir que je pouvais l'aimer.

OENONE — Hélas ! de vos malheurs innocente ou coupable,
De quoi pour vous sauver n'étais-je point capable ?
Mais si jamais l'offense irrita vos esprits,
Pouvez-vous d'un superbe oublier les mépris ?
Avec quels yeux cruels sa rigueur obstinée
Vous laissait à ses pieds peu s'en faut prosternée !
Que son farouche orgueil le rendait odieux !
Que Phèdre en ce moment n'avait-elle mes yeux !

PHEDRE — Oenone, il peut quitter cet orgueil qui te blesse.
Nourri dans les forêts, il en a la rudesse.
Hippolyte, endurci par de sauvages lois,
Entend parler d'amour pour la première fois.
Peut-être sa surprise a causé son silence,

Et nos plaintes peut-être ont trop de violence.

OENONE — Songez qu'une barbare en son sein l'a formé.

PHEDRE — Quoique Scythe et barbare, elle a pourtant aimé.

OENONE — Il a pour tout le sexe une haine fatale.

PHEDRE — Je ne me verrai point préférer de rivale.
Enfin tous tes conseils ne sont plus de saison.
Sers ma fureur, Oenone, et non point ma raison.
Il oppose à l'amour un coeur inaccessible :
Cherchons, pour l'attaquer, quelque endroit plus sensible.
Les charmes d'un Empire ont paru le toucher ;
Athènes l'attirait, il n'a su s'en cacher ;
Déjà de ses vaisseaux la pointe était tournée,
Et la voile flottait aux vents abandonnée.
Va trouver de ma part ce jeune ambitieux,
Oenone. Fais briller la couronne à ses yeux.
Qu'il mette sur son front le sacré diadème ;
Je ne veux que l'honneur de l'attacher moi-même.
Cédons-lui ce pouvoir que je ne puis garder.
Il instruira mon fils dans l'art de commander.
Peut-être il voudra bien lui tenir lieu de père.
Je mets sous son pouvoir et le fils et la mère.
Pour le fléchir enfin tente tous les moyens :
Tes discours trouveront plus d'accès que les miens.
Presse, pleure, gémis, peins-lui Phèdre mourante,
Ne rougis point de prendre une voix suppliante.
Je t'avouerai de tout ; je n'espère qu'en toi.
Va, j'attends ton retour pour disposer de moi.

SCENE II

PHEDRE

PHEDRE — O toi, qui vois la honte où je suis descendue,
Implacable Vénus, suis-je assez confondue ?

Tu ne saurais plus loin pousser ta cruauté.

Ton triomphe est parfait ; tous tes traits ont porté.

Cruelle, si tu veux une gloire ; nouvelle,

Attaque un ennemi qui te soit plus rebelle.

Hippolyte te fuit, et bravant ton courroux,

Jamais à tes autels n'a fléchi ses genoux.

Ton nom semble offenser ses superbes oreilles.

Déesse, venge-toi : nos causes sont pareilles.

Qu'il aime. Mais déjà tu reviens sur tes pas,

OEnone ? On me déteste, on ne t'écoute pas.

SCENE III

PHEDRE, OENONE

OENONE — Il faut d'un vain amour étouffer la pensée,

Madame. Rappelez votre vertu passée.

Le Roi, qu'on a cru mort, va paraître à vos yeux ;

Thésée est arrivé, Thésée est en ces lieux.

Le peuple, pour le voir, court et se précipite.

Je sortais par votre ordre, et cherchais Hippolyte ,

Lorsque jusques au ciel mille cris élancés...

PHEDRE — Mon époux est vivant, OEnone, c'est assez.

J'ai fait l'indigne aveu d'un amour qui l'outrage,

Il vit. Je ne veux pas en savoir davantage.

OENONE — Quoi ?

PHEDRE — Je te l'ai prédit, mais tu n'as pas voulu.

Sur mes justes remords tes pleurs ont prévalu.

Je mourais ce matin digne d'être pleurée ;

J'ai suivi tes conseils, je meurs déshonorée.

OENONE — Vous mourez ?

PHEDRE — Juste ciel ! qu'ai-je fait aujourd'hui ?

Mon époux va paraître, et son fils avec lui.

Je verrai le témoin de ma flamme adultère

Observer de quel front j'ose aborder son père,
Le coeur gros de soupirs qu'il n'a point écoutés,
L'oeil humide de pleurs par l'ingrat rebutés.
Penses-tu que sensible à l'honneur de Thésée,
Il lui cache l'ardeur dont je suis embrasée ?
Laissera-t-il trahir et son père et son roi ?
Pourra-t-il contenir l'horreur qu'il a pour moi ?
Il se tairait en vain. Je sais mes perfidies,
Oenone, et ne suis point de ces femmes hardies
Qui goûtant dans le crime une tranquille paix,
Ont su se faire un front qui ne rougit jamais.
Je connais mes fureurs, je les rappelle toutes.
Il me semble déjà que ces murs, que ces voûtes
Vont prendre la parole, et prêts à m'accuser,
Attendent mon époux pour le désabuser.
Mourons. De tant d'horreurs qu'un trépas me délivre.
Est-ce un malheur si grand que de cesser de vivre ?
La mort aux malheureux ne cause point d'effroi.
Je ne crains que le nom que je laisse après moi.
Pour mes tristes enfants quel affreux héritage !
Le sang de Jupiter doit enfler leur courage ;
Mais quelque juste orgueil qu'inspire un sang si beau,
Le crime d'une mère est un pesant fardeau.
Je tremble qu'un discours, hélas ! trop véritable,
Un jour ne leur reproche une mère coupable.
Je tremble qu'opprimés de ce poids odieux
L'un ni l'autre jamais n'ose lever les yeux.

OENONE — Il n'en faut point douter, je les plains l'un et l'autre ;
Jamais crainte ne fut plus juste que la vôtre.
Mais à de tels affronts pourquoi les exposer ?
Pourquoi contre vous-même allez-vous déposer ?
C'en est fait : on dira que Phèdre, trop coupable,
De son époux trahi fuit l'aspect redoutable.
Hippolyte est heureux qu'aux dépens de vos jours

Vous-même en expirant appuyez ses discours.

A votre accusateur que pourrai-je répondre ?

Je serai devant lui trop facile à confondre.

De son triomphe affreux je le verrai jouir,

Et conter votre honte à qui voudra l'ouïr.

Ah ! que plutôt du ciel la flamme me dévore !

Mais ne me trompez point, vous est-il cher encore ?

De quel oeil voyez-vous ce prince audacieux ?

PHEDRE – Je le vois comme un monstre effroyable à mes yeux.

OENONE – Pourquoi donc lui céder une victoire entière ?

Vous le craignez. Osez l'accuser la première

Du crime dont il peut vous charger aujourd'hui.

Qui vous démentira ? Tout parle contre lui :

Son épée en vos mains heureusement laissée,

Votre trouble présent, votre douleur passée,

Son père par vos cris dès longtemps prévenu,

Et déjà son exil par vous-même obtenu.

PHEDRE – Moi, que j'ose opprimer et noircir l'innocence !

OENONE – Mon zèle n'a besoin que de votre silence.

Tremblante comme vous, j'en sens quelque remords.

Vous me verriez plus prompte affronter mille morts.

Mais puisque je vous perds sans ce triste remède,

Votre vie est pour moi d'un prix à qui tout cède.

Je parlerai. Thésée, aigri par mes avis,

Bornera sa vengeance à l'exil de son fils.

Un père en punissant, Madame, est toujours père.

Un supplice léger suffit à sa colère.

Mais le sang innocent dût-il être versé,

Que ne demande point votre honneur menacé ?

C'est un trésor trop cher pour oser le commettre.

Quelque loi qu'il vous dicte, il faut vous y soumettre,

Madame, et pour sauver votre honneur combattu,

Il faut immoler tout, et même la vertu.

On vient, je vois Thésée.

PHEDRE — Ah ! je vois Hippolyte,
Dans ses yeux insolents, je vois ma perte écrite.
Fais ce que tu voudras, je m'abandonne à toi.
Dans le trouble où je suis, je ne peux rien pour moi

SCENE IV

THESEE, HIPPOLYTE, PHEDRE, OENONE, THERAMENE

THESEE — La fortune à mes voeux cesse d'être opposée,
Madame, et dans vos bras met...
PHEDRE — Arrêtez, Thésée,
Et ne profanez point des transports si charmants.
Je ne mérite plus ces doux empressements.
Vous êtes offensé. La fortune jalouse
N'a pas en votre absence épargné votre épouse.
Indigne de vous plaire et de vous approcher,
Je ne dois désormais songer qu'à me cacher.

SCENE V

THESEE, HIPPOLYTE, THERAMENE

THESEE — Quel est l'étrange accueil qu'on fait à votre père,
Mon fils ?
HIPPOLYTE — Phèdre peut seule expliquer ce mystère.
Mais si mes voeux ardents vous peuvent émouvoir,
Permettez-moi, Seigneur, de ne la plus revoir ;
Souffrez que pour jamais le tremblant Hippolyte
Disparaisse des lieux que votre épouse habite.
THESEE — Vous, mon fils, me quitter ?
HIPPOLYTE — Je ne la cherchais pas.
C'est vous qui sur ces bords conduisîtes ses pas.
Vous daignâtes, Seigneur, aux rives de Trézène
Confier en partant Aricie et la Reine :

Je fus même chargé du soin de les garder.
Mais quels soins désormais peuvent me retarder ?
Assez dans les forêts mon oisive jeunesse
Sur de vils ennemis a montré son adresse.
Ne pourrai-je, en fuyant un indigne repos,
D'un sang plus glorieux teindre mes javelots ?
Vous n'aviez pas encore atteint l'âge où je touche,
Déjà plus d'un tyran, plus d'un monstre farouche
Avait de votre bras senti la pesanteur ;
Déjà, de l'insolent heureux persécuteur,
Vous aviez des deux mers assuré les rivages,
Le libre voyageur ne craignait plus d'outrages,
Hercule, respirant sur le bruit de vos coups,
Déjà de son travail se reposait sur vous.
Et moi, fils inconnu d'un si glorieux père,
Je suis même encor loin des traces de ma mère.
Souffrez que mon courage ose enfin s'occuper.
Souffrez, si quelque monstre a pu vous échapper,
Que j'apporte à vos pieds sa dépouille honorable ;
Ou que d'un beau trépas la mémoire durable,
Eternisant des jours si noblement finis,
Prouve à tout l'univers que j'étais votre fils.
THESEE – Que vois-je ? Quelle horreur dans ces lieux répandue
Fait fuir devant mes yeux ma famille éperdue ?
Si je reviens si craint et si peu désiré,
O ciel ! de ma prison pourquoi m'as-tu tiré ?
Je n'avais qu'un ami. Son impudente flamme
Du tyran de l'Epire allait ravir la femme ;
Je servais à regret ses desseins amoureux ;
Mais le sort irrité nous aveuglait tous deux.
Le tyran m'a surpris sans défense et sans armes.
J'ai vu Pirithoüs, triste objet de mes larmes,
Livré par ce barbare à des monstres cruels
Qu'il nourrissait du sang des malheureux mortels.

Moi-même, il m'enferma dans des cavernes sombres,
Lieux profonds, et voisins de l'empire des ombres.
Les Dieux, après six mois, enfin m'ont regardé :
J'ai su tromper les yeux de qui j'étais gardé.
D'un perfide ennemi j'ai purgé la nature ;
A ses monstres lui-même a servi de pâture ;
Et lorsque avec transport je pense m'approcher
De tout ce que les Dieux m'ont laissé de plus cher ;
Que dis-je ? Quand mon âme, à moi-même rendue,
Vient se rassasier d'une si chère vue,
Je n'ai pour tout accueil que des frémissements :
Tout fuit, tout se refuse à mes embrassements.
Et moi-même, éprouvant la terreur que j'inspire,
Je voudrais être encor dans les prisons d'Epire.
Parlez. Phèdre se plaint que je suis outragé.
Qui m'a trahi ? Pourquoi ne suis-je pas vengé ?
La Grèce, à qui mon bras fut tant de fois utile,
A-t-elle au criminel accordé quelque asile ?
Vous ne répondez point. Mon fils, mon propre fils
Est-il d'intelligence avec mes ennemis ?
Entrons. C'est trop garder un doute qui m'accable.
Connaissons à la fois le crime et le coupable.
Que Phèdre explique enfin le trouble où je la voi.

SCENE VI

HIPPOLYTE, THERAMENE

HIPPOLYTE — Où tendait ce discours qui m'a glacé d'effroi ?
Phèdre, toujours en proie à sa fureur extrême,
Veut-elle s'accuser et se perdre elle-même !
Dieux ! que dira le Roi ! Quel funeste poison
L'amour a répandu sur toute sa maison !
Moi-même, plein d'un feu que sa haine réprouve,
Quel il m'a vu jadis, et quel il me retrouve !

De noirs pressentiments viennent m'épouvanter.
Mais l'innocence enfin n'a rien à redouter.
Allons, cherchons ailleurs par quelle heureuse adresse
Je pourrai de mon père émouvoir la tendresse,
Et lui dire un amour qu'il peut vouloir troubler,
Mais que tout son pouvoir ne saurait ébranler.

ACTE IV

SCENE I
THESEE, OENONE

THESEE — Ah ! qu'est-ce que j'entends ? Un traître, un téméraire
Préparait cet outrage à l'honneur de son père ?
Avec quelle rigueur, Destin, tu me poursuis !
Je ne sais où je vais, je ne sais où je suis.
O tendresse ! ô bonté trop mal récompensée !
Projet audacieux ! détestable pensée !
Pour parvenir au but de ses noires amours,
L'insolent de la force empruntait le secours.
J'ai reconnu le fer, instrument de sa rage,
Ce fer dont je l'armai pour un plus noble usage.
Tous les liens du sang n'ont pu le retenir !
Et Phèdre différait à le faire punir !
Le silence de Phèdre épargnait le coupable !
OENONE — Phèdre épargnait plutôt un père déplorable.
Honteuse du dessein d'un amant furieux
Et du feu criminel qu'il a pris dans ses yeux,
Phèdre mourait, Seigneur, et sa main meurtrière
Eteignait de ses yeux l'innocente lumière.

J'ai vu lever le bras, j'ai couru la sauver.
Moi seule à votre amour j'ai su la conserver ;
Et, plaignant à la fois son trouble et vos alarmes,
J'ai servi malgré moi d'interprète à ses larmes.
THESEE — Le perfide ! Il n'a pu s'empêcher de pâlir.
De crainte, en m'abordant, je l'ai vu tressaillir.
Je me suis étonné de son peu d'allégresse,
Ses froids embrassements ont glacé ma tendresse.
Mais ce coupable amour dont il est dévoré
Dans Athènes déjà s'était-il déclaré ?
OENONE — Seigneur, souvenez-vous des plaintes de la Reine.
Un amour criminel causa toute sa haine.
THESEE — Et ce feu dans Trézène a donc recommencé ?
OENONE — Je vous ai dit, Seigneur, tout ce qui s'est passé.
C'est trop laisser la Reine à sa douleur mortelle ;
Souffrez que je vous quitte et me range auprès d'elle.

SCENE II

THESEE, HIPPOLYTE

THESEE — Ah ! le voici. Grands Dieux ! à ce noble maintien
Quel oeil ne serait pas trompé comme le mien ?
Faut-il que sur le front d'un profane adultère
Brille de la vertu le sacré caractère ?
Et ne devrait-on pas à des signes certains
Reconnaître le coeur des perfides humains ?
HIPPOLYTE — Puis-je vous demander quel funeste nuage,
Seigneur, a pu troubler votre auguste visage ?
N'osez-vous confier ce secret à ma foi ?
THESEE — Perfide, oses-tu bien te montrer devant moi ?
Monstre, qu'a trop longtemps épargné le tonnerre,
Reste impur des brigands dont j'ai purgé la terre !
Après que le transport d'un amour plein d'horreur
Jusqu'au lit de ton père a porté sa fureur,

Tu m'oses présenter une tête ennemie,
Tu parais dans des lieux pleins de ton infamie,
Et ne vas pas chercher, sous un ciel inconnu,
Des pays où mon nom ne soit pas parvenu.
Fuis, traître. Ne viens point braver ici ma haine,
Et tenter un courroux que je retiens à peine.
C'est bien assez pour moi de l'opprobre éternel
D'avoir pu mettre au jour un fils si criminel,
Sans que ta mort encor, honteuse à ma mémoire,
De mes nobles travaux vienne souiller la gloire ;.
Fuis, et si tu ne veux qu'un chatiment soudain
T'ajoute aux scélérats qu'a punis cette main,
Prends garde que jamais l'astre qui nous éclaire
Ne te voie en ces lieux mettre un pied téméraire.
Fuis, dis-je, et sans retour précipitant tes pas,
Se ton horrible aspect purge tous mes états.
Et toi, Neptune, et toi, si jadis mon courage
D'infâmes assassins nettoya ton rivage,
Souviens-toi que pour prix de mes efforts heureux,
Tu promis d'exercer le premier de mes voeux.
Dans les longues rigueurs d'une prison cruelle
Je n'ai point imploré ta puissance immortelle.
Avare du secours que j'attends de tes soins,
Mes voeux t'ont réservé pour de plus grands besoins.
Je t'implore aujourd'hui. Venge un malheureux père.
J'abandonne ce traître à toute ta colère.
Etouffe dans son sang ses désirs effrontés.
Thésée à tes fureurs connaîtra tes bontés.
HIPPOLYTE — D'un amour criminel Phèdre accuse Hippolyte !
Un tel excès d'horreur rend mon âme interdite ;
Tant de coups imprévus m'accablent à la fois
Qu'ils m'ôtent la parole et m'étouffent la voix.
THESEE — Traître, tu prétendais qu'en un lâche silence
Phèdre ensevelirait ta brutale insolence.

Il fallait, en fuyant, ne pas abandonner
Le fer qui dans ses mains aide à te condamner ;
Ou plutôt il fallait, comblant ta perfidie,
Lui ravir tout d'un coup la parole et la vie.

HIPPOLYTE — D'un mensonge si noir justement irrité,
Je devrais faire ici parler la vérité,
Seigneur. Mais je supprime un secret qui vous touche.
Approuvez le respect qui me ferme la bouche ;
Et sans vouloir vous-même augmenter vos ennuis,
Examinez ma vie, et songez qui je suis.
Quelques crimes toujours précèdent les grands crimes.
Quiconque a pu franchir les bornes légitimes
Peut violer enfin les droits les plus sacrés ;
Ainsi que la vertu, le crime a ses degrés,
Et jamais on n'a vu la timide innocence
Passer subitement à l'extrême licence.
Un jour seul ne fait point d'un mortel vertueux
Un perfide assassin, un lâche incestueux.
Elevé dans le sein d'une chaste héroïne,
Je n'ai point de son sang démenti l'origine.
Pitthée, estimé sage entre tous les humains,
Daigna m'instruire encore au sortir de ses mains.
Je ne veux point me peindre avec trop d'avantage ;
Mais si quelque vertu m'est tombée en partage,
Seigneur, je crois surtout avoir fait éclater
La haine des forfaits qu'on ose m'imputer.
C'est par là qu'Hippolyte est connu dans la Grèce.
J'ai poussé la vertu jusques à la rudesse.
On sait de mes chagrins l'inflexible rigueur.
Le jour n'est pas plus pur que le fond de mon coeur.
Et l'on veut qu'Hippolyte, épris d'un feu profane...

THESEE — Oui, c'est ce même orgueil, lâche, qui te condamne.
je vois de tes froideurs le principe odieux.
Phèdre seule charmait tes impudiques yeux.

Et pour tout autre objet ton âme indifférente
Dédaignait de brûler d'une flamme innocente.
HIPPOLYTE — Non, mon père, ce coeur (c'est trop vous le celer)
N'a point d'un chaste amour dédaigné de brûler.
Je confesse à vos pieds ma véritable offense :
J'aime, j'aime, il est vrai, malgré votre défense.
Aricie à ses lois tient mes voeux asservis ;
La fille de Pallante a vaincu votre fils.
Je l'adore, et mon âme, à vos ordres rebelle,
Ne peut ni soupirer ni brûler que pour elle.
THESEE — Tu l'aimes ? Ciel ! Mais non, l'artifice est grossier.
Tu te feins criminel pour te justifier.
HIPPOLYTE — Seigneur, depuis six mois, je l'évite, et je l'aime.
Je venais en tremblant vous le dire à vous-même.
Hé quoi ! de votre erreur rien ne vous peut tirer ?
Par quel affreux serment faut-il vous rassurer ?
Que la terre, le ciel, que toute la nature...
THESEE — Toujours les scélérats ont recours au parjure.
Cesse, cesse, et m'épargne un importun discours,
Si ta fausse vertu n'a point d'autre recours.
HIPPOLYTE — Elle vous paraît fausse et pleine d'artifice.
Phèdre au fond de son coeur me rend plus de justice.
THESEE — Ah ! que ton impudence excite mon courroux !
HIPPOLYTE — Quel temps à mon exil, quel lieu prescrivez-vous ?
THESEE — Fusses-tu par-delà les colonnes d'Alcide,
Je me croirais encor trop voisin d'un perfide.
HIPPOLYTE — Chargé du crime affreux dont vous me soupçonnez,
Quels amis me plaindront, quand vous m'abandonnez ?
THESEE — Va chercher des amis dont l'estime funeste
Honore l'adultère, applaudisse à l'inceste ;
Des traîtres, des ingrats sans honneur et sans loi,
Dignes de protéger un méchant tel que toi.
HIPPOLYTE — Vous me parlez toujours d'inceste et d'adultère !
Je me tais. Cependant Phèdre sort d'une mère,

Phèdre est d'un sang, Seigneur, vous le savez trop bien,
De toutes ces horreurs plus rempli que le mien.
THESEE — Quoi ! ta rage à mes yeux perd toute retenue ?
Pour la dernière fois, ôte-toi de ma vue.
Sors, traître. N'attends pas qu'un père furieux
Te fasse avec opprobre arracher de ces lieux.

SCENE III

THESEE

THESEE — Misérable, tu cours à ta perte infaillible.
Neptune, par le fleuve aux Dieux mêmes terrible,
M'a donné sa parole, et va l'exécuter.
Un Dieu vengeur te suit, tu ne peux l'éviter.
Je t'aimais ; et je sens que malgré ton offense,
Mes entrailles pour toi se troublent par avance.
Mais à te condamner tu m'as trop engagé.
Jamais père en effet fut-il plus outragé ?
Justes Dieux, qui voyez la douleur qui m'accable,
Ai-je pu mettre au jour un enfant si coupable ?

SCENE IV

PHEDRE, THESEE

PHEDRE — Seigneur, je viens à vous, pleine d'un juste effroi.
Votre voix redoutable a passé jusqu'à moi.
Je crains qu'un prompt effet n'ai suivi la menace.
S'il en est temps encore, épargnez votre race,
Respectez votre sang, j'ose vous en prier.
Sauvez-moi de l'horreur de l'entendre crier ;
Ne me préparez point la douleur éternelle
De l'avoir fait répandre à la main paternelle.
THESEE — Non, Madame, en mon sang ma main n'a point trempé ;
Mais l'ingrat toutefois ne m'est point échappé.

Une immortelle main de sa perte est chargée.
Neptune me la doit, et vous serez vengée.
PHEDRE — Neptune vous la doit ! Quoi ? vos voeux irrités...
THESEE — Quoi ! craignez-vous déjà qu'ils ne soient écoutés ?
Joignez-vous bien plutôt à mes voeux légitimes.
Dans toute leur noirceur retracez-moi ses crimes ;
Echauffez mes transports trop lents, trop retenus.
Tous ses crimes encor ne vous sont pas connus ;
Sa fureur contre vous se répand en injures ;
Votre bouche, dit-il, est pleine d'impostures ;
Il soutient qu'Aricie a son coeur, a sa foi,
Qu'il aime.
PHEDRE — Quoi, Seigneur !
THESEE — Il l'a dit devant moi.
Mais je sais rejeter un frivole artifice.
Espérons de Neptune une prompte justice.
Je vais moi-même encore, au pied de ses autels,
Le presser d'accomplir ses serments immortels.

SCENE V

PHEDRE

PHEDRE — Il sort. Quelle nouvelle a frappé mon oreille ?
Quel feu mal étouffé dans mon coeur se réveille ?
Quel coup de foudre, ô ciel ! et quel funeste avis !
Je volais toute entière au secours de son fils ;
Et m'arrachant des bras d'OEnone épouvantée,
Je cédais au remords dont j'étais tourmentée.
Qui sait même où m'allait porter ce repentir ?
Peut-être à m'accuser j'aurais pu consentir ;
Peut-être, si la voix ne m'eût été coupée,
L'affreuse vérité me serait échappée.
Hippolyte est sensible, et ne sent rien pour moi !
Aricie a son coeur ! Aricie a sa foi

Ah, dieux ! Lorsqu'à mes voeux l'ingrat inexorable
S'armait d'un oeil si fier, d'un front si redoutable,
Je pensais qu'à l'amour son coeur toujours fermé
Fût contre tout mon sexe également armé.
Une autre cependant a fléchi son audace ;
Devant ses yeux cruels une autre a trouvé grâce.
Peut-être a-t-il un coeur facile à s'attendrir.
Je suis le seul objet qu'il ne saurait souffrir ;
Et je me chargerais du soin de le défendre ?

SCENE VI

PHEDRE, OENONE

PHEDRE – Chère OEnone, sais-tu ce que je viens d'apprendre ?
OENONE – Non ; mais je viens tremblante, à ne vous point mentir.
J'ai pâli du dessein qui vous a fait sortir ;
J'ai craint une fureur à vous-même fatale.
PHEDRE – OEnone, qui l'eût cru ? j'avais une rivale.
OENONE – Comment ?
PHEDRE – Hippolyte aime, et je n'en puis douter.
Ce farouche ennemi qu'on ne pouvait dompter,
Qu'offensait le respect, qu'importunait la plainte,
Ce tigre, que jamais je n'abordai sans crainte,
Soumis, apprivoisé, reconnaît un vainqueur :
Aricie a trouvé le chemin de son coeur.
OENONE – Aricie ?
PHEDRE – Ah ! douleur non encore éprouvée !
A quel nouveau tourment je me suis réservée !
Tout ce que j'ai souffert, mes craintes, mes transports,
La fureur de mes yeux, l'horreur de mes remords,
Et d'un refus cruel l'insupportable injure
N'était qu'un faible essai du tourment que j'endure.
Ils s'aiment ! Par quel charme ont-ils trompé mes yeux ?
Comment se sont-ils vus ? Depuis quand ? Dans quels lieux ?

Tu le savais. Pourquoi me laissais-tu séduire ?
De leur furtive ardeur ne pouvais-tu m'instruire ?
Les a-t-on vus souvent se parler, se chercher ?
Dans le fond des forêts allaient-ils se cacher ?
Hélas ! ils se voyaient avec pleine licence.
Le ciel de leurs soupirs approuvait l'innocence ;
Ils suivaient sans remords leur penchant amoureux ;
Tous les jours se levaient clairs et sereins pour eux.
Et moi, triste rebut de la nature entière,
Je me cachais au jour, je fuyais la lumière.
La mort est le seul Dieu que j'osais implorer.
J'attendais le moment où j'allais expirer ;
Me nourrissant de fiel, de larmes abreuvée,
Encor dans mon malheur de trop près observée,
Je n'osais dans mes pleurs me noyer à loisir ;
Je goûtais en tremblant ce funeste plaisir,
Et sous un front serein déguisant mes alarmes,
Il fallait bien souvent me priver de mes larmes.
OENONE — Quel fruit recevront-ils de leurs vaines amours ?
Ils ne se verront plus.
PHEDRE — Ils s'aimeront toujours.
Au moment que je parle, ah ! mortelle pensée !
Ils bravent la fureur d'une amante insensée.
Malgré ce même exil qui va les écarter,
Ils font mille serments de ne se point quitter.
Non, je ne puis souffrir un bonheur qui m'outrage,
OEnone. Prends pitié de ma jalouse rage.
Il faut perdre Aricie. Il faut de mon époux
Contre un sang odieux réveiller les courroux.
Qu'il ne se borne pas à des peines légères :
Le crime de la soeur passe celui des frères.
Dans mes jaloux transports je le veux implorer.
Que fais-je ? Où ma raison va-t-elle s'égarer ?
Moi jalouse ! Et Thésée est celui que j'implore !

Mon époux est vivant, et moi je brûle encore !
Pour qui ? Quel est le coeur où prétendent mes voeux ?
Chaque mot sur mon front fait dresser mes cheveux.
Mes crimes désormais ont comblé la mesure.
Je respire à la fois l'inceste et l'imposture.
Mes homicides mains, promptes à me venger,
Dans le sang innocent brûlent de se plonger.
Misérable ! et je vis ? et je soutiens la vue
De ce sacré Soleil dont je suis descendue ?
J'ai pour aïeul le père et le maître des Dieux ;
Le ciel, tout l'univers est plein de mes aïeux.
Où me cacher ? Fuyons dans la nuit infernale.
Mais que dis-je ? Mon père y tient l'urne fatale ;
Le Sort, dit-on, l'a mise en ses sévères mains :
Minos juge aux enfers tous les pâles humains.
Ah ! combien frémira son ombre épouvantée,
Lorsqu'il verra sa fille à ses yeux présentée,
Contrainte d'avouer tant de forfaits divers,
Et des crimes peut-être inconnus aux enfers !
Que diras-tu, mon père, à ce spectacle horrible ?
Je crois voir de ta main tomber l'urne terrible,
Je crois te voir, cherchant un supplice nouveau,
Toi-même de ton sang devenir le bourreau.
Pardonne. Un Dieu cruel a perdu ta famille :
Reconnais sa vengeance aux fureurs de ta fille.
Hélas ! du crime affreux dont la honte me suit
Jamais mon triste coeur n'a recueilli le fruit.
Jusqu'au dernier soupir, de malheurs poursuivie,
Je rends dans les tourments une pénible vie.

OENONE – Hé ! repoussez, Madame, une injuste terreur.
Regardez d'un autre oeil une excusable erreur.
Vous aimez. On ne peut vaincre sa destinée.
Par un charme fatal vous fûtes entraînée.
Est-ce donc un prodige inouï parmi nous ?

L'amour n'a-t-il encor triomphé que de vous ?
La faiblesse aux humains n'est que trop naturelle.
Mortelle, subissez le sort d'une mortelle.
Vous vous plaignez d'un joug imposé dès longtemps :
Les Dieux même, les Dieux, de l'Olympe habitants,
Qui d'un bruit si terrible épouvantent les crimes,
Ont brûlé quelquefois de feux illégitimes.
PHEDRE — Qu'entends-je ! Quels conseils ose-t-on me donner ?
Ainsi donc jusqu'au bout tu veux m'empoisonner.
Malheureuse ! Voilà comme tu m'as perdue.
Au jour que je fuyais c'est toi qui m'as rendue.
Tes prières m'ont fait oublier mon devoir.
J'évitais Hippolyte, et tu me l'as fait voir.
De quoi te chargeais-tu ? Pourquoi ta bouche impie
A-t-elle, en l'accusant, osé noircir sa vie ?
Il en mourra peut-être, et d'un père insensé
Le sacrilège voeu peut-être est exaucé.
Je ne t'écoute plus. Va-t-en, monstre exécrable,
Va, laisse-moi le soin de mon sort déplorable.
Puisse le juste ciel dignement te payer ;
Et puisse ton supplice à jamais effrayer
Tous ceux qui, comme toi, par de lâches adresses,
Des princes malheureux nourrissent les faiblesses,
Les poussent au penchant où leur coeur est enclin,
Et leur osent du crime aplanir le chemin ;
Détestables flatteurs, présent le plus funeste
Que puisse faire aux rois la colère céleste !
OENONE, *seule*. — Ah, Dieux ! pour la servir j'ai tout fait, tout quitté ;
Et j'en reçois ce prix ? Je l'ai bien mérité.

ACTE V

SCENE I

HIPPOLYTE, ARICIE

ARICIE — Quoi ! vous pouvez vous taire en ce péril extrême ?
Vous laissez dans l'erreur un père qui vous aime ?
Cruel, si de mes pleurs méprisant le pouvoir,
Vous consentez sans peine à ne plus me revoir,
Partez, séparez-vous de la triste Aricie.
Mais du moins en partant assurez votre vie.
Défendez votre honneur d'un reproche honteux,
Et forcez votre père à révoquer ses voeux.
Il en est temps encor. Pourquoi, par quel caprice,
Laissez-vous le champ libre à votre accusatrice ?
Eclaircissez Thésée.

HIPPOLYTE — Hé ! que n'ai-je point dit ?
Ai-je dû mettre au jour l'opprobre de son lit ?
Devais-je, en lui faisant un récit trop sincère,
D'une indigne rougeur couvrir le front d'un père ?
Vous seule avez percé ce mystère odieux.
Mon coeur pour s'épancher n'a que vous et les Dieux.
Je n'ai pu vous cacher, jugez si je vous aime,
Tout ce que je voulais me cacher à moi-même.
Mais songez sous quel sceau je vous l'ai révélé.
Oubliez, s'il se peut, que je vous ai parlé,
Madame. Et que jamais une bouche si pure
Ne s'ouvre pour conter cette horrible aventure.
Sur l'équité des Dieux osons nous confier :
Ils ont trop d'intérêt à me justifier ;
Et Phèdre, tôt ou tard de son crime punie,
N'en saurait éviter la juste ignominie.

C'est l'unique respect que j'exige de vous.
Je permets tout le reste à mon libre courroux.
Sortez de l'esclavage où vous êtes réduite.
Osez me suivre. Osez accompagner ma fuite.
Arrachez-vous d'un lieu funeste et profané,
Où la vertu respire un air empoisonné ;
Profitez, pour cacher votre prompte retraite,
De la confusion que ma disgrâce y jette.
Je vous puis de la fuite assurer les moyens ;
Vous n'avez jusqu'ici de gardes que les miens ;
De puissants défenseurs prendront notre querelle ;
Argos nous tend les bras, et Sparte nous appelle.
A nos amis communs portons nos justes cris ;
Ne souffrons pas que Phèdre, assemblant nos débris,
Du trône paternel nous chasse l'un et l'autre,
Et promette à son fils ma dépouille et la vôtre.
L'occasion est belle, il la faut embrasser.
Quelle peur vous retient ? Vous semblez balancer ?
Votre seul intérêt m'inspire cette audace.
Quand je suis tout de feu, d'où vous vient cette glace ?
Sur les pas d'un banni craignez-vous de marcher ?

ARICIE — Hélas ! qu'un tel exil, Seigneur, me serait cher !
Dans quels ravissements, à votre sort liée,
Du reste des mortels je vivrais oubliée !
Mais n'étant point liés par un lien si doux,
Me puis avec honneur dérober avec vous ?
Je sais que sans blesser l'honneur le plus sévère,
Je me puis affranchir des mains de votre père :
Ce n'est point m'arracher du sein de mes parents,
Et la fuite est permise à qui fuit ses tyrans.
Mais vous m'aimez, Seigneur ; et ma gloire ; alarmée...

HIPPOLYTE — Non, non, j'ai trop de soin de votre renommée.
Un plus noble dessein m'amène devant vous :
Fuyez vos ennemis, et suivez votre époux.

Libres dans nos malheurs, puisque le ciel l'ordonne,
Le don de notre foi ne dépend de personne.
L'hymen n'est point toujours entouré de flambeaux.
Aux portes de Trézène, et parmi ces tombeaux,
Des princes de ma race antiques sépultures,
Est un temple sacré formidable aux parjures.
C'est là que les mortels n'osent jurer en vain :
Le perfide y reçoit un châtiment soudain ;
Et craignant d'y trouver la mort inévitable,
Le mensonge n'a point de frein plus redoutable.
Là, si vous m'en croyez, d'un amour éternel
Nous irons confirmer le serment solennel.
Nous prendrons à témoin le Dieu qu'on y révère ;
Nous le prierons tous deux de nous servir de père.
Des Dieux les plus sacrés j'attesterai le nom.
Et la chaste Diane, et l'auguste Junon,
Et tous les dieux enfin, témoins de mes tendresses,
Garantiront la foi de mes saintes promesses.
ARICIE – Le Roi vient. Fuyez, Prince, et partez promptement.
Pour cacher mon départ je demeure un moment.
Allez, et laissez-moi quelque fidèle guide,
Qui conduise vers vous ma démarche timide.

SCENE II

THESEE, ARICIE, ISMENE

THESEE – Dieux, éclairez mon trouble, et daignez à mes yeux
Montrer la vérité, que je cherche en ces lieux.
ARICIE – Songe à tout, chère Ismène, et sois prête à la fuite.

SCENE III

THESEE, ARICIE

THESEE – Vous changez de couleur, et semblez interdite.

Madame ! que faisait Hippolyte en ce lieu ?
ARICIE — Seigneur, il me disait un éternel adieu.
THESEE — Vos yeux ont su dompter ce rebelle courage ;
Et ses premiers soupirs sont votre heureux ouvrage.
ARICIE — Seigneur, je ne vous puis nier la vérité ;
De votre injuste haine il n'a pas hérité ;
Il ne me traitait point comme une criminelle.
THESEE — J'entends, il vous jurait une amour éternelle.
Ne vous assurez point sur ce coeur inconstant ;
Car à d'autres que vous il en jurait autant.
ARICIE — Lui, Seigneur ?
THESEE — Vous deviez le rendre moins volage ;
Comment souffriez-vous cet horrible partage ?
ARICIE — Et comment souffrez-vous que d'horribles discours
D'une si belle vie osent noircir le cours ?
Avez-vous de son coeur si peu de connaissance ?
Discernez-vous si mal le crime et l'innocence ?
Faut-il qu'à vos yeux seuls un nuage odieux
Dérobe sa vertu qui brille à tous les yeux ?
Ah ! c'est trop le livrer à des langues perfides.
Cessez. Repentez-vous de vos voeux homicides ;
Craignez, Seigneur, craignez que le ciel rigoureux
Ne vous haïsse assez pour exercer vos voeux.
Souvent dans sa colère il reçoit nos victimes ;
Ses présents sont souvent la peine de nos crimes.
THESEE — Non, vous voulez en vain couvrir son attentat.
Votre amour vous aveugle en faveur de l'ingrat.
Mais j'en crois des témoins certains, irréprochables :
J'ai vu, j'ai vu couler des larmes véritables.
ARICIE — Prenez garde, Seigneur. Vos invincibles mains
Ont de monstres sans nombre affranchi les humains ;
Mais tout n'est pas détruit, et vous en laissez vivre
Un... Votre fils, Seigneur, me défend de poursuivre.
Instruite du respect qu'il veut vous conserver,

Je l'affligerais trop si j'osais achever.
J'imite sa pudeur, et fuis votre présence
Pour n'être pas forcée de rompre le silence.

SCENE IV

THESEE

THESEE — Quelle est donc sa pensée ? et que cache un discours
Commencé tant de fois, interrompu toujours ?
Veulent-ils m'éblouir par une feinte vaine ?
Sont-ils d'accord pour me mettre à la gêne ; ?
Mais moi-même, malgré ma sévère rigueur,
Quelle plaintive voix crie au fond de mon coeur ?
Une pitié secrète et m'afflige et m'étonne.
Une seconde fois interrogeons OEnone.
Je veux de tout le crime être mieux éclairci.
Gardes ! qu'OEnone sorte, et vienne seule ici.

SCENE V

THESEE, PANOPE

PANOPE — J'ignore le projet que la reine médite,
Seigneur. Mais je crains tout du transport qui l'agite.
Un mortel désespoir sur son visage est peint ;
La pâleur de la mort est déjà sur son teint.
Déjà, de sa présence avec honte chassée,
Dans la profonde mer Oenone s'est lancée.
On ne sait point d'où part ce dessein furieux ;
Et les flots pour jamais l'ont ravie à nos yeux.
THESEE — Qu'entends-je ?
PANOPE — Son trépas n'a point calmé la reine :
Le trouble semble croître en son âme incertaine.
Quelquefois, pour flatter ses secrètes douleurs,
Elle prend ses enfants et les baigne de pleurs ;

Et soudain, renonçant à l'amour maternelle,
Sa main avec horreur les repousse loin d'elle.
Elle porte au hasard ses pas irrésolus ;
Son oeil tout égaré ne nous reconnaît plus.
Elle a trois fois écrit, et changeant de pensée,
Trois fois elle a rompu sa lettre commencée.
Daignez la voir, Seigneur, daignez la secourir.

THESEE — O ciel ! Oenone est morte, et Phèdre veut mourir ?
Qu'on rappelle mon fils, qu'il vienne se défendre,
Qu'il vienne me parler, je suis prêt de l'entendre.
Ne précipite point tes funestes bienfaits,
Neptune ; j'aime mieux n'être exaucé jamais.
J'ai peut-être trop cru des témoins peu fidèles ;
Et j'ai trop tôt vers toi levé mes mains cruelles.
Ah ! de quel désespoir mes voeux seraient suivis !

SCENE VI

THESEE, THERAMENE

THESEE — Théramène, est-ce toi ? Qu'as-tu fait de mon fils ?
Je te l'ai confié dès l'âge le plus tendre.
Mais d'où naissent les pleurs que je te vois répandre ?
Que fait mon fils ?

THERAMENE — O soins tardifs et superflus !
Inutile tendresse ! Hippolyte n'est plus.

THESEE — Dieux !

THERAMENE — J'ai vu des mortels périr le plus aimable,
Et j'ose dire encor, Seigneur, le moins coupable.

THESEE — Mon fils n'est plus ? Hé quoi ! quand je lui tends les bras,
Les Dieux impatients ont hâté son trépas ?
Quel coup me l'a ravi ? Quelle foudre soudaine ?

THERAMENE — A peine nous sortions des portes de Trézène,
Il était sur son char. Ses gardes affligés
Imitaient son silence, autour de lui rangés ;

Il suivait tout pensif le chemin de Mycènes ;
Sa main sur ses chevaux laissait flotter les rênes.
Ses superbes coursiers, qu'on voyait autrefois
Pleins d'une ardeur si noble obéir à sa voix,
L'oeil morne maintenant et la tête baissée,
Semblaient se conformer à sa triste pensée.
Un effroyable cri, sorti du fond des flots,
Des airs en ce moment a troublé le repos ;
Et du sein de la terre une voix formidable
Répond en gémissant à ce cri redoutable.
Jusqu'au fond de nos coeurs notre sang s'est glacé ;
Des coursiers attentifs le crin s'est hérissé.
Cependant sur le dos de la plaine liquide
S'élève à gros bouillons une montagne humide ;
L'onde approche, se brise, et vomit à nos yeux,
Parmi des flots d'écume, un monstre furieux.
Son front large est armé de cornes menaçantes,
Tout son corps est couvert d'écailles jaunissantes,
Indomptable taureau, dragon impétueux,
Sa croupe se recourbe en replis tortueux.
Ses longs mugissements font trembler le rivage.
Le ciel avec horreur voit ce monstre sauvage,
La terre s'en émeut, l'air en est infecté,
Le flot qui l'apporta recule épouvanté.
Tout fuit, et sans s'armer d'un courage inutile,
Dans le temple voisin chacun cherche un asile.
Hippolyte lui seul, digne fils d'un héros,
Arrête ses coursiers, saisit ses javelots,
Pousse au monstre, et d'un dard lancé d'une main sûre,
Il lui fait dans le flanc une large blessure.
De rage et de douleur le monstre bondissant
Vient aux pieds des chevaux tomber en mugissant,
Se roule, et leur présente une gueule enflammée,
Qui les couvre de feu, de sang et de fumée.

La fureur les emporte, et sourds à cette fois,
Ils ne connaissent plus ni le frein ni la voix.
En efforts impuissants leur maître se consume,
Ils rougissent le mors d'une sanglante écume.
On dit qu'on a vu même, en ce désordre affreux,
Un dieu qui d'aiguillons pressait leur flanc poudreux.
A travers des rochers la peur les précipite.
L'essieu crie et se rompt. L'intrépide Hippolyte
Voit voler en éclats tout son char fracassé.
Dans les rênes lui-même il tombe embarrassé.
Excusez ma douleur. Cette image cruelle
Sera pour moi de pleurs une source éternelle.
J'ai vu, Seigneur, j'ai vu votre malheureux fils
Traîné par les chevaux que sa main a nourris.
Il veut les rappeler, et sa voix les effraie ;
Ils courent. Tout son corps n'est bientôt qu'une plaie.
De nos cris douloureux la plaine retentit.
Leur fougue impétueuse enfin se ralentit.
Ils s'arrêtent non loin de ces tombeaux antiques
Où des Rois nos aïeux sont les froides reliques.
J'y cours en soupirant, et sa garde me suit.
De son généreux sang la trace nous conduit.
Les rochers en sont teints ; les ronces dégouttantes
Portent de ses cheveux les dépouilles sanglantes.
J'arrive, je l'appelle, et me tendant la main,
Il ouvre un oeil mourant qu'il referme soudain.
Le ciel, dit-il, m'arrache une innocente vie.
Prends soin après ma mort de ma chère Aricie.
Cher ami, si mon père un jour désabusé
Plaint le malheur d'un fils faussement accusé,
Pour apaiser mon sang et mon ombre plaintive,
Dis-lui qu'avec douceur il traite sa captive,
Qu'il lui rende... A ce mot ce héros expiré
N'a laissé dans mes bras qu'un corps défiguré,

Triste objet, où des Dieux triomphe la colère,

Et que méconnaîtrait l'oeil même de son père.

THESEE – O mon fils ! cher espoir que je me suis ravi !

Inexorables Dieux, qui m'avez trop servi !

A quels mortels regrets ma vie est réservée !

THERAMENE – La timide Aricie est alors arrivée.

Elle venait, Seigneur, fuyant votre courroux,

A la face des Dieux l'accepter pour époux.

Elle approche. Elle voit l'herbe rouge et fumante.

Elle voit (quel objet pour les yeux d'une amante !)

Hippolyte étendu, sans forme et sans couleur.

Elle veut quelque temps douter de son malheur,

Et ne connaissant plus ce héros qu'elle adore,

Elle voit Hippolyte et le demande encore.

Mais trop sûre à la fin qu'il est devant ses yeux,

Par un triste regard elle accuse les Dieux,

Et froide, gémissante, et presque inanimée,

Aux pieds de son amant elle tombe pâmée.

Ismène est auprès d'elle ; Ismène, tout en pleurs,

La rappelle à la vie, ou plutôt aux douleurs.

Et moi, je suis venu, détestant la lumière,

Vous dire d'un héros la volonté dernière,

Et m'acquitter, Seigneur, du malheureux emploi

Dont son coeur expirant s'est reposé sur moi.

Mais j'aperçois venir sa mortelle ennemie.

SCENE VII

THESEE, PHEDRE, THERAMENE, PANOPE, GARDES

THESEE – Hé bien ! vous triomphez, et mon fils est sans vie.

Ah ! que j'ai lieu de craindre ! et qu'un cruel soupçon,

L'excusant dans mon coeur, m'alarme avec raison !

Mais, Madame, il est mort, prenez votre victime :

Jouissez de sa perte, injuste ou légitime.

Je consens que mes yeux soient toujours abusés.
Je le crois criminel puisque vous l'accusez.
Son trépas à mes pleurs offre assez de matières,
Sans que j'aille chercher d'odieuses lumières,
Qui ne pouvant le rendre à ma juste douleur,
Peut-être ne feraient qu'accroître mon malheur.
Laissez-moi, loin de vous et loin de ce rivage,
De mon fils déchiré fuir la sanglante image.
Confus, persécuté d'un mortel souvenir,
De l'univers entier je voudrais me bannir.
Tout semble s'élever contre mon injustice.
L'éclat de mon nom même augmente mon supplice.
Moins connu des mortels, je me cacherais mieux.
Je hais jusques au soin dont m'honorent les Dieux ;
Et je m'en vais pleurer leurs faveurs meurtrières,
Sans plus les fatiguer d'inutiles prières.
Quoi qu'ils fissent pour moi, leur funeste bonté
Ne me saurait payer de ce qu'ils m'ont ôté.

PHEDRE — Non, Thésée, il faut rompre un injuste silence ;
Il faut à votre fils rendre son innocence.
Il n'était point coupable.

THESEE — Ah ! père infortuné !
Et c'est sur votre foi que je l'ai condamné !
Cruelle, pensez-vous être assez excusée...

PHEDRE — Les moments me sont chers, écoutez-moi, Thésée.
C'est moi qui sur ce fils chaste et respectueux
Osai jeter un oeil profane, incestueux.
Le ciel mit dans mon sein une flamme funeste ;
La détestable OEnone a conduit tout le reste.
Elle a craint qu'Hippolyte, instruit de ma fureur,
Ne découvrît un feu qui lui faisait horreur.
La perfide, abusant de ma faiblesse extrême,
S'est hâtée à vos yeux de l'accuser lui-même.
Elle s'en est punie, et fuyant mon courroux,

A cherché dans les flots un supplice trop doux.
Le fer aurait déjà tranché ma destinée ;
Mais je laissais gémir la vertu soupçonnée.
J'ai voulu, devant vous exposant mes remords,
Par un chemin plus lent descendre chez les morts.
J'ai pris, j'ai fait couler dans mes brûlantes veines
Un poison que Médée apporta dans Athènes.
Déjà jusqu'à mon coeur le venin parvenu
Dans ce coeur expirant jette un froid inconnu ;
Déjà je ne vois plus qu'à travers un nuage
Et le ciel, et l'époux que ma présence outrage ;
Et la mort, à mes yeux dérobant la clarté,
Rend au jour, qu'ils souillaient, toute sa pureté.

PANOPE — Elle expire, Seigneur.

THESEE — D'une action si noire
Que ne peut avec elle expirer la mémoire !
Allons, de mon erreur, hélas, trop éclaircis,
Mêler nos pleurs au sang de mon malheureux fils.
Allons de ce cher fils embrasser ce qui reste,
Expier la fureur d'un voeu que je déteste.
Rendons-lui les honneurs qu'il a trop mérités ;
Et pour mieux apaiser ses mânes irrités,
Que malgré les complots d'une injuste famille,
Son amante aujourd'hui me tienne lieu de fille.